1·45

Histoires Vues
Histoires Lues

C. T. Gill Leech

Head of the Modern Languages Department
St Edmund's School, Canterbury

M

Macmillan Education

To Avril and Chantal

First published 1974
Reprinted 1976 (twice), 1977, 1978, 1979

Published by
MACMILLAN EDUCATION LTD
Houndmills Basingstoke Hampshire RG21 2XS
and London
Associated companies in Delhi Dublin
Hong Kong Johannesburg Lagos Melbourne
New York Singapore and Tokyo

Printed in Hong Kong by Dai Nippon Printing Co. (H.K.) Ltd.

Contents

Introduction

This book is designed as a supplement to main O-level course work during the one or two years leading up to the examination, though it should prove equally useful to candidates for the CSE examinations. It is hoped that it will fill two needs: (1) to provide lively visual material for oral and composition work which students will find stimulating and, (2) to provide teachers with further material for aural work.

The picture stories, *Histoires Vues*, are based on the normal pattern for GCE and CSE examinations. Many of them are taken from incidents in real life and it is hoped that students will find the style of the illustrations immediately appealing and a relief from the more old-fashioned line drawings. A short vocabulary of words essential to each story is provided, together with a large number of questions on the pictures which will help the student by giving him the framework of his composition. The questions to stories 1–15 are given in the present tense and those of stories 16–30 are in the imperfect or the perfect tense, thus practice is provided in all the tenses required for the composition questions set by the major GCE and CSE examination boards. It is recommended that the final compositions should be 150–160 words in length.

The stories for aural comprehension, *Histoires Lues*, are provided in the Teachers' Book and on tape. A brief summary of each story is given in the Pupils' Book for those attempting the reproduction exercise (150–160 words in length). There are also ten questions on each story, to be answered orally or as a written exercise, to test the student's understanding. Some of the stories have been taken from past O-level papers.

I would like to thank the Joint Matriculation Board, the Oxford and Cambridge Schools Examination Board, the University of London Examinations Board, the Welsh Joint Education Committee and the Oxford Delegacy of Local Examinations for their kind permission to reproduce stories from their GCE papers. I would also especially like to thank M. René-James Hérail, Lecturer in French at the Language Centre, University of Kent at Canterbury, for reading through the manuscript and for the helpful suggestions he has made.

C.T.G.L.

To the Student

Unless otherwise instructed by your teacher, compositions should be 150–160 words in length, therefore try to plan your composition to about 25 words per picture. It should help you to write better compositions if you follow these suggestions:

1 Do not be too ambitious by attempting to translate complicated sentences from English. Only write what you *know* is good French.

2 Always include some conversation in a composition so that it comes to life.

Histoires Vues

2

1 Un incendie

1 Quand cette histoire se passe-t-elle?
Où se trouvent les deux garçons?
Que font-ils?
Que font les clients?

2 Que voit-on à la fenêtre?
Que fait l'un des garçons?
Que dit-il à l'autre?
Imaginez ce qui aurait pu causer l'incendie.

3 Avec qui parlent les deux garçons?
Où sont-ils?
Que disent-ils au patron du café?
Décrivez l'expression de celui-ci.

4 Où va le patron?
A qui téléphone-t-il?
Que demande-t-il?
Est-il inquiet?

5 Que font les passants?
Qui sont les hommes en uniforme qui sont arrivés?
Que tiennent-ils à la main?
Qu'est-ce qu'ils essaient de faire?

6 Comment le patron se sent-il maintenant?
Imaginez ce qu'il dit aux garçons.
Comment les récompense-t-il?
Que mangent-ils?

Vocabulaire

un touriste	*tourist*
prendre une photo	*to take a photo*
la fumée	*smoke*
la flamme	*flame*
le patron (du café)	*(café) owner*
indiquer quelque chose du doigt	*to point at something*
les pompiers	*firemen*
le tuyau	*hose-pipe*
une foule	*crowd*
s'assembler	*to gather*
une glace	*ice-cream*
comme récompense	*as a reward*

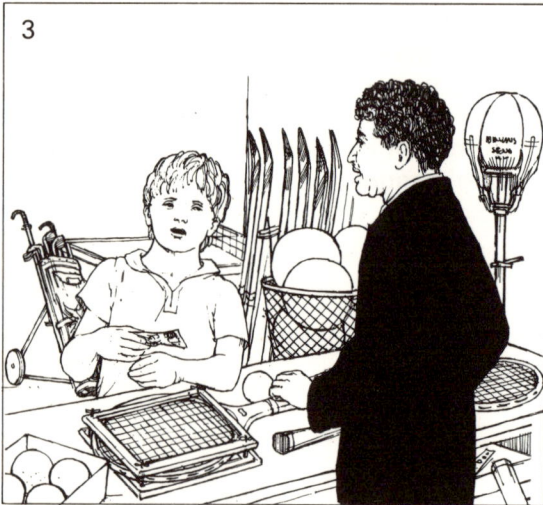

2 Quel anniversaire!

1 Où se trouve la famille?
Quel jour est-ce?
Qu'y a-t-il sur la table?
Qu'est-ce que le garçon tient à la main?

2 Devant quel magasin se trouve le garçon plus tard?
Que regarde-t-il?
Aime-t-il le sport?
Qu'est-ce qu'il décide de faire?

3 Où est le garçon maintenant?
Que voyez-vous dans le magasin?
Qu'est-ce que le garçon achète?
Que donne-t-il à l'employé?

4 Avec qui joue le garçon?
Où se trouvent-ils?
Quel temps fait-il?
A quoi jouent-ils?

5 Qui frappe la balle trop fort?
Que se passe-t-il?
Imaginez ce qu'on entend.
Décrivez la réaction du garçon.

6 Qui sort du café?
Qu'est-ce qu'il indique du doigt?
Que dit-il au garçon?
Que fait le garçon?

Vocabulaire

l'anniversaire	*birthday*
une carte	*card*
un paquet	*parcel*
un billet de cent francs	*a hundred-franc note*
la vitrine	*shop window*
payer	*to pay for*
une raquette de tennis	*tennis racquet*
le jardin public	*park*
jouer au tennis	*to play tennis*
frapper	*to hit*
casser	*to break*
se mettre en colère } se fâcher	*to get angry*

5

3 Tout ce qui brille n'est pas or

1 Où l'homme se promène-t-il?
Que voit-il?
Combien de voitures y a-t-il?
Sont-elle neuves ou non?

2 Que fait l'homme alors?
Que pense-t-il faire?
Décrivez l'aspect de la voiture en question.
Est-ce qu'elle coûte cher?

3 Que fait-il ensuite?
Que dit-il au garagiste?
Que lui donne-t-il?
Décrivez son expression.

4 Quel temps fait-il?
Où va-t-il alors?
Est-il content de sa voiture tout d'abord?
Que se passe-t-il soudain?

5 La voiture marche-t-elle bien maintenant?
Qu'est-ce qui arrive?
Que fait l'homme?
Que pense-t-il maintenant de la voiture?

6 Imaginez comment il rentre en ville.
Où va-t-il tout de suite?
Qu'est-ce qu'il va faire?
Que trouve-t-il en y arrivant?

Vocabulaire

à vendre	*for sale*
une voiture d'occasion	*second-hand car*
une occasion	*a bargain*
un commis	*salesman*
un chèque	*cheque*
démarrer	*to start off (of a car)*
faire une promenade	*to go for a drive*
rouler	*to drive along*
une portière	*door (of a vehicle)*
prendre feu	*to catch fire*
disparaître	*to disappear*
se faire avoir	*to be had*

4 La dérobade

1 Quand cette histoire se
   passe-t-elle ?
   Dans quel type d'avion se
   trouvent les aviateurs ?
   Qu'est-ce qu'on essaie de faire ?
   Pourquoi est-ce difficile ?

2 Que leur arrive-t-il ?
   Où se trouve l'avion ?
   Qu'est-ce qu'ils réussissent à
   faire ?
   Que fait l'ennemi ?

3 Quel homme rencontrent-ils
   plus tard ?
   Pourquoi ont-ils de la peine à
   s'exprimer ?
   Comment se font-ils
   comprendre ?
   Que disent-ils au paysan ?

4 Le paysan a-t-il fini par les
   comprendre ?
   Dans quoi les aviateurs sont-ils
   montés ?
   Que fait le paysan ?
   Pourquoi les aviateurs se
   cachent-ils ?

5 Où le paysan les amène-t-il ?
   Que voient les aviateurs en
   descendant ?
   Quelle sorte de bateau est-ce ?
   Que disent les aviateurs au
   paysan ?

6 Où se trouvent-ils maintenant ?
   Que font-ils ?
   Où vont-ils ?
   Décrivez leur réaction.

Vocabulaire

le pilote	*pilot*
un aviateur	*airman*
un bombardier	*bomber*
lancer des bombes (sur)	*to bomb*
s'écraser sur le sol	*to crash*
s'échapper	*to escape*
tirer sur quelqu'un	*to shoot at someone*
une charrette	*cart*
chargé de	*loaded with*
le foin	*hay*
se cacher	*to hide*
la jetée	*jetty*
un bateau de pêche	*fishing boat*
s'embarquer sur	*to climb aboard*

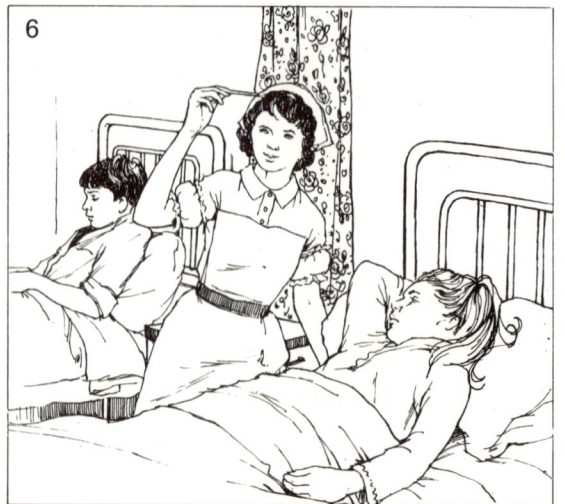

5 Une aventure stupide

1 Quel temps fait-il?
Comment le garçon et la jeune
fille vont-ils à la mer?
Que portent-ils sur le dos?
Que disent-ils à leur mère?

2 Où se trouvent-ils maintenant?
Qu'est-ce qu'ils vont faire?
Que leur indique le vieux
matelot?
Qu'est-ce qu'il veut dire?

3 Quel temps fait-il maintenant?
Est-ce que les deux jeunes gens
s'amusent?
Décrivez le ciel.
Qu'est-ce qu'on entend?

4 Comment est la mer
maintenant?
Que fait le bateau?
Comment les deux jeunes gens
échappent-ils à la mort?
Imaginez leurs craintes.

5 Qu'est-ce qui arrive?
Comment savait-on que les
enfants étaient en danger?
Qu'est-ce qu'on leur donne dans
le bateau?
Imaginez ce qu'ont dit les
enfants.

6 Où les a-t-on transportés?
Pourquoi?
Que leur dit l'infirmière?
Imaginez la réaction des
enfants.

Vocabulaire

monter à vélo	to get onto a bike
un canot à voiles	sailing boat
faire une promenade en bateau	to go sailing
un drapeau	flag
agité	choppy
un éclair	flash of lightning
un coup de tonnerre	clap of thunder
un orage } une tempête }	storm
s'amuser	to enjoy oneself
s'accrocher à	to hang on to
chavirer	to capsize
un canot de sauvetage	lifeboat
une infirmière	nurse

QUELQUES MOIS PLUS TARD

6 Tout est bien qui finit bien

1 Quelle est la saison?
   Quel temps fait-il?
   Que fait le jeune homme?
   Où se trouve-t-il?

2 Où est la fillette?
   Que fait-elle?
   Dans quel état est la sœur aînée?
   Que fait-elle?

3 Comment le jeune homme réagit-il?
   Que fait-il avant de plonger dans l'eau?
   Que va-t-il faire?
   Que fait la sœur aînée?

4 Où va-t-on après l'incident?
   Imaginez la réaction des parents de la fillette.
   Que dit le père au jeune homme?
   Qu'a-t-on fait pour célébrer l'événement?

5 Que fait le jeune homme plus tard?
   Est-ce que la sœur aînée et le jeune homme se voient souvent?
   Comment se promènent-ils?
   Quels sont leurs sentiments réciproques?

6 Quand cette scène se passe-t-elle?
   Où se trouve-t-on?
   Qu'est-ce qu'ils ont fini par faire?
   Que fait la fillette?

Vocabulaire

une fillette	*a small girl*
aîné	*elder*
la rive	*bank*
plonger	*to dive*
réussir à	*to succeed in*
sauver la vie à quelqu'un	*to save someone's life*
inviter quelqu'un à faire quelque chose	*to invite someone to do something*
la main dans la main	*hand-in-hand*
tomber amoureux de	*to fall in love with*
se marier	*to get married*
la demoiselle d'honneur	*bridesmaid*

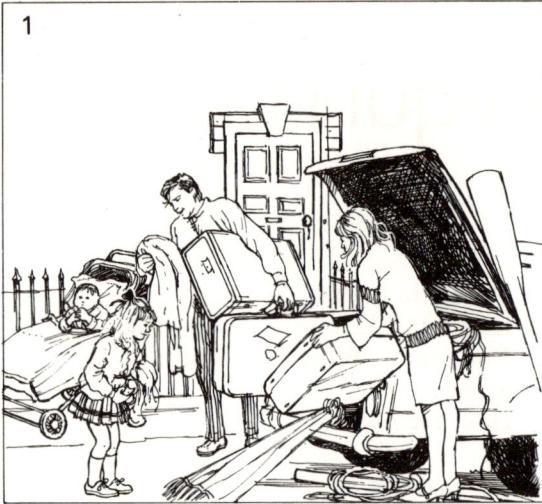

14

7 Petite tragédie de vacances

1 Que va-t-on faire?
Que font les parents?
Qu'est-ce que leur fille tient à la main?
Où est le bébé?

2 Pourquoi le père a-t-il arrêté la voiture?
Quel est le métier des hommes en uniforme?
Que disent-ils?
Après avoir passé la frontière, dans quel pays se trouvent-ils?

3 Où se trouve l'hôtel?
Comment s'appelle-t-il?
Comment savez-vous qu'il fait chaud dans la région?
Que fait la famille?

4 Quel temps fait-il?
Que font le père et sa fille?
Que fait la mère?
Que tient le bébé?

5 Combien de temps passent-ils à l'hôtel?
Que viennent-ils de faire?
Imaginez la conversation avec l'hôtelier avant leur départ.
Qu'ont-ils oublié de faire?

6 Imaginez quand le père se rend compte de son erreur.
Que lui dit sa femme?
Pourquoi ne peut-on pas retourner à l'hôtel?
Que fait le père finalement?

Vocabulaire

partir en vacances	*to go off on holiday*
une voiture d'enfant	*pram*
la poupée	*doll*
examiner	*to inspect*
le passeport	*passport*
le douanier	*customs officer*
l'hôtelier	*hotel manager*
un maillot	*swimming costume*
une pelle	*spade*
un seau	*bucket*
remplir (de)	*to fill (with)*
laisser	*to leave behind*

8 De grande montée grande chute

1 Où cette histoire se passe-t-elle?
   Comment les écoliers arrivent-ils
   à leur hôtel?
   Pourquoi sont-ils venus ici?
   Décrivez le caractère du grand
   garçon.

2 Que fait-on le lendemain
   matin?
   Qui a gagné?
   Est-il content de son succès?
   Que font les spectateurs?

3 Quel sport pratique-t-on après?
   Qu'est-il arrivé aux deux jeunes
   filles?
   Que va faire le grand garçon?
   Que dit-il aux jeunes filles?

4 Où se trouve-t-il maintenant?
   Que fait-il?
   Que dit-il?
   Que font les autres?

5 Qu'est-il arrivé au grand
   garçon?
   Pourquoi?
   Imaginez sa réaction.
   Que font les autres?

6 Qu'était-il arrivé au garçon en
   tombant?
   Où est-il allé après?
   Qu'a-t-il à la jambe?
   Comment passe-t-il le reste de
   ses vacances?

Vocabulaire

les sports d'hiver	*winter sports*
le car	*coach*
un insigne	*badge*
le fanfaron	*boaster*
(faire de) la luge	*(to) toboggan*
une course	*race*
skier	
faire du ski }	*to ski*
le bâton de ski	*ski-stick*
la grande piste	*the main ski-run*
le balcon	*balcony*
en plâtre	*in plaster*

9 Pauvre récompense

1 Où se trouve le chat?
Pourquoi ne descend-il pas?
Que fait le vieille dame?
Décrivez son expression.

2 Où va-t-elle?
Qui vient à la porte?
Que lui demande-t-elle?
Que répond-il?

3 Que fait le garçon?
Une fois sur la branche, qu'est-ce qu'il essaie de faire?
Que fait le chat?
Le garçon a-t-il du succès?

4 Qu'est-il arrivé au garçon et au chat?
Pourquoi?
Le garçon s'est-il fait mal?
Que dit la vieille dame?

5 Où va la vieille dame?
Imaginez à qui elle téléphone.
Pourquoi téléphone-t-elle?
Que dit-elle?

6 Comment va le chat?
Que dit la vieille dame au garçon?
Qui arrive?
Où va-t-on transporter le garçon?

Vocabulaire

au bout de	at the end of
une branche	branch
miauler	to miaow
désolé } ému	upset
le voisin	neighbour
'voulez-vous bien . . .'	'would you please . . .'
volontiers	willingly
grimper à un arbre	to climb a tree
se casser (la jambe)	to break (one's leg)
par terre	on the ground

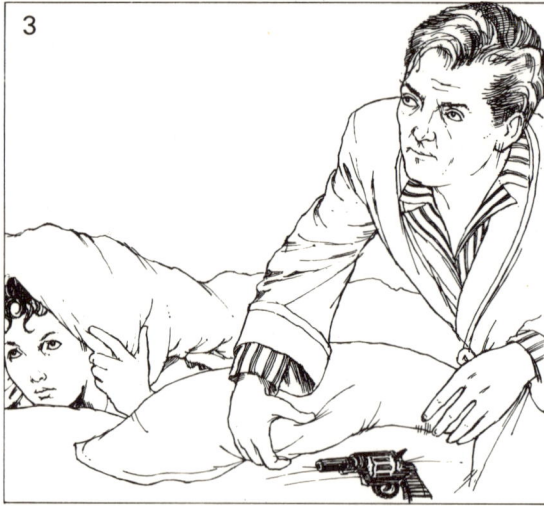

10 Le grand vol

1 Quand cette histoire se passe-t-elle?
   Dans quelle pièce sommes-nous?
   Que font l'homme et sa femme?
   Quelle heure est-il?

2 Que vient de faire le mari?
   Qu'a-t-il entendu?
   Décrivez la réaction de sa femme.
   Que dit-elle à son mari?

3 Que met le mari?
   Que prend-il?
   Que fait la femme?
   Que lui dit son mari?

4 Où va le mari?
   Comment descend-il l'escalier?
   Pourquoi tient-il un revolver à la main?
   Que cherche-t-il?

5 Qu'est-ce qu'il entend?
   Imaginez ce qu'il décide de faire.
   Croyez-vous qu'il a peur?
   Que pense-t-il en ce moment?

6 Dans quelle pièce entre-t-il?
   Que voit-il?
   Expliquez la cause du bruit.
   Que dit-il ensuite à sa femme?

Vocabulaire

au beau milieu de la nuit	*in the middle of the night*
paisiblement	*peacefully*
un bruit	*noise*
allumer (l'électricité)	*to switch on the light*
une robe de chambre	*dressing-gown*
un revolver	*revolver*
sur la pointe des pieds	*on tiptoe*
ouvrir brusquement	*to push open*
'haut les mains!'	*'hands up!'*
un pot à lait	*milk jug*

11 Trop zélée

1 Quelle heure est-il?
Quel temps fait-il?
Que vient de faire la jeune fille?
Qu'est-elle en train de faire?

2 Que prend-elle pour son petit
déjeuner?
Que fait-elle ensuite?
Que dit-elle à sa mère?
Que porte-t-elle à la main?

3 Quel temps fait-il maintenant?
Que tient-elle pour se protéger?
Où monte-t-elle?
Combien de temps le trajet
dure-t-il?

4 Quel temps fait-il maintenant?
Où est-elle arrivée?
Quelle heure est-il?
Qu'y a-t-il d'étrange au lycée?

5 Où va-t-elle?
Que trouve-t-elle?
Décrivez son expression.
Imaginez ce qu'elle pense.

6 Qui rencontre-t-elle?
Que lui montre celui-ci?
Qu'est-ce qu'elle lit?
Quelle a été son erreur?

Vocabulaire

la rentrée	*first day of term*
se brosser les cheveux	*to brush one's hair*
déjeuner	*to have breakfast*
un croissant	*a roll*
un bol	*bowl*
pleuvoir à verse	*to pour with rain*
vide	*empty*
une affiche	*a notice*
un agenda	*diary*

1

2UN MOIS PLUS TARD

3

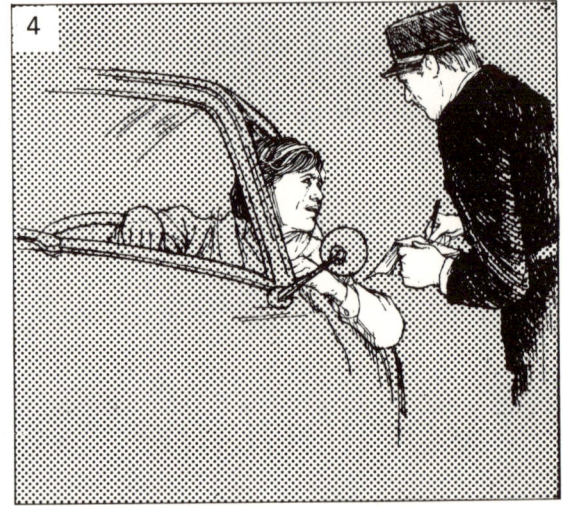

4

5

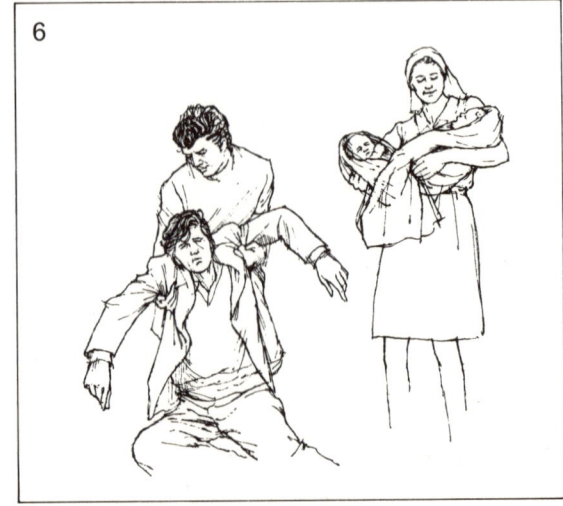

6

12 Une paire pour un père

1 Que font l'homme et sa femme?
Où se trouvent-ils?
Pourquoi la femme est-elle si grosse?
Que leur dit l'employé?

2 Après combien de temps continue notre histoire?
Quelle heure est-il?
Pourquoi la femme réveille-t-elle son mari?
Décrivez-le quand il se réveille.

3 Qui conduit l'auto?
Comment conduit-il?
Pourquoi sont-ils pressés?
Quelle sorte de voiture viennent-ils de doubler?

4 Pourquoi l'homme a-t-il arrêté l'auto?
Que fait l'agent?
Que dit-il?
Que répond le mari?

5 Où arrivent-ils?
Comment la femme se sent-elle?
Imaginez l'émotion du mari.
Combien de temps le mari doit-il attendre?

6 Qui vient lui parler?
Que lui montre-t-elle?
Que pense-t-il de tout cela?
Quelle est sa réaction?

Vocabulaire

attendre un bébé	*to be expecting a baby*
réveiller quelqu'un	*to wake someone*
secouer	*to shake*
se frotter les yeux	*to rub one's eyes*
à toute vitesse	*at full speed*
doubler	*to overtake*
bonne chance!	*good luck!*
des jumeaux	*twins*
s'évanouir	*to faint*

13 Entrée par effraction

1 Où sont les cambrioleurs?
Comment sont-ils vêtus?
Quel objet tient l'un d'entre
eux?
Que fait l'autre?

2 Dans quelle pièce se trouvent-
ils?
Décrivez les objets qu'ils volent.
De quoi se servent-ils pour voir?
Où est-ce qu'ils mettent les
objets?

3 Où sont-ils allés ensuite?
Que prennent-ils?
Sur quoi se trouvent ces objets?
Que font l'homme et sa femme?

4 Où se trouve le chien?
Imaginez pourquoi on avait
acheté le chien.
Pourquoi le chien s'est-il
réveillé?
Imaginez ce qu'il fera.

5 Quel bruit le chien fait-il en
voyant les cambrioleurs?
Que font ceux-ci?
Réussissent-ils à se sauver?
Comment le chien les
attrape-t-il?

6 Pourquoi les occupants de la
maison se sont-ils réveillés?
Qui est arrivé plus tard?
Que dit-on au chien?
Quelle récompense le chien
reçoit-il?

Vocabulaire

un cambrioleur	*burglar*
forcer une fenêtre	*to break open a window*
une lampe électrique	*torch*
un plat	*dish*
un chandelier	*candlestick*
un collier	*necklace*
un anneau } une bague }	*a ring*
un diamant	*diamond*
aboyer	*to bark*
poursuivre	*to chase*
caresser	*to stroke*
un os	*bone*

14 Le fantôme du château

1 En quelle saison cette histoire
   se passe-t-elle?
   Décrivez la famille.
   Où sont-ils?
   Imaginez ce qu'ils vont faire.

2 Que fait le guide?
   Que font les touristes?
   Le garçon s'intéresse-t-il à tout
   cela?
   Que dit-il à sa sœur?

3 Que trouvent-ils?
   Que fait le garçon?
   Comment sa sœur l'aide-t-elle?
   Le garçon a-t-il l'air d'un vrai
   chevalier?

4 Que fait-il semblant de faire?
   Que tient-il?
   Quelle est la réaction des
   touristes?
   Que pense la fille de cette
   scène?

5 Qui a deviné ce qui s'est
   passé?
   Que fait celui-ci?
   Que dit-il à son fils?
   Comment le père va-t-il
   s'excuser devant les autres?

6 Où est-ce qu'on met les deux
   enfants?
   Qui les enferme?
   Que dit celui-ci?
   Comment répondent les enfants?

Vocabulaire

faire le tour de	to go round
le guide	the guide
parler à voix basse } chuchoter	to whisper
jouer un tour à quelqu'un } faire une farce à quelqu'un	to play a trick on someone
une armure complète	suit of armour
un casque	helmet
un sabre	sword
terrifié } effrayé	terrified
renfermer	to lock up
une cellule } un cachot	cell

15 Un service en vaut un autre

1 Où est le poids-lourd?
Pourquoi est-il en stationne-
ment?
Où est le routier?
Que fait-il?

2 Qui s'arrête pour lui?
Décrivez la voiture.
Que demande le routier?
Que lui répondent les jeunes
filles?

3 Où vont-elles?
Qu'est-ce qu'elles demandent?
Dans quoi met-on l'essence?
Imaginez ce qu'elles vont faire
avec l'essence.

4 Que fait le routier?
Que dit-il aux jeunes filles?
Quelle est leur réponse?
Où vont-elles maintenant?

5 Où est la voiture de sport
maintenant?
Que font les jeunes filles?
Qu'est-il arrivé à la voiture?
Qu'est-il arrivé au pneu?

6 Qui est arrivé peu après?
Que fait-il?
Que lui disent-elles?
Quelle est sa réponse?

Vocabulaire

un poids-lourd	*heavy lorry*
un routier	*lorry driver*
faire signe à quelqu'un	*to wave to someone*
une voiture de sport	*sports car*
avoir une panne d'essence	*to run out of petrol*
une station-service	*service station*
un bidon	*petrol can*
verser	*to pour*
le réservoir	*petrol tank*
déraper	*to skid*
se crever	*to burst*
une roue de secours	*spare wheel*
monter	*to fit on*

BATEAUX
À VENDRE

16 Rira bien qui rira le dernier

1 Quel temps faisait-il?
Décrivez l'homme avec la cigarette.
Où se trouvait-il?
Pourquoi examinait-il les bateaux?

2 Quelle sorte de bateau a-t-il acheté?
Que faisait l'homme dans le canot?
Que tenait-il à la main?
Pourquoi est-il tombé à l'eau?

3 Décrivez la vitesse de la vedette.
Que faisait l'homme au bord de l'eau?
Que lui est-il arrivé?
Quelle a été sa réaction?

4 Pourquoi l'homme s'est-il retourné?
Décrivez son expression.
Pourquoi est-il dangereux de se retourner de cette façon?
Qu'est-ce qu'il n'a pas remarqué?

5 Qu'est-ce qui s'est passé?
Décrivez l'état de la vedette.
Où se trouvait l'homme après l'accident?
Imaginez sa réaction.

6 Décrivez la réaction des autres.
Expliquez cela.
Croyez-vous que l'homme a mérité ce désastre?
Qu'a-t-il appris?

Vocabulaire

une vedette	motor-boat
à une folle allure	at break-neck speed
une vague	wave
un canot	dinghy
(re)peindre	to (re)paint
en arrière	backwards
un pot de peinture	tin of paint
se retourner	to turn round
s'écraser (contre)	to crash (into)
être suspendu	to be hanging

12 mars 1940

ORDRE MILITAIRE
TRÈS URGENT
RETOURNEZ
IMMÉDIATEMENT
À LA CASERNE

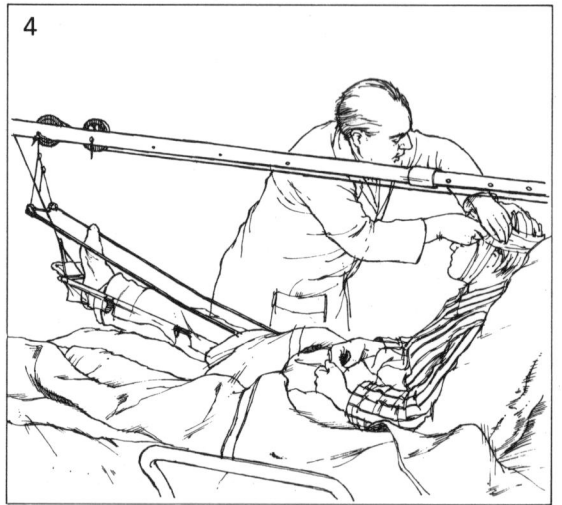

34

17 Le faux héros de guerre

1 A quelle époque s'est passée
cette histoire?
Quelle était la profession de
l'homme?
Qu'a-t-il reçu?
Quel était le message?

2 Dans quoi a-t-il mis ses
affaires?
Où est-il allé ensuite?
Décrivez l'état des maisons.
Pourquoi le militaire a-t-il
couru?

3 Comment a-t-il couru?
Qu'est-ce qu'il n'a pas
remarqué?
Que s'est-il passé?
Le militaire s'est-il fait mal?

4 Où l'a-t-on transporté?
Qu'est-ce qu'on lui a mis sur la
jambe?
Pourquoi?
Qu'a fait le médecin?

5 Où est-on maintenant?
Qu'a fait le militaire?
D'où venait-il?
Décrivez-le.

6 Imaginez ce qu'il allait
commander.
Qu'ont fait les clients en le
voyant?
Comment pensaient-ils qu'il
s'était blessé?
Qu'a fait le patron du café?

Vocabulaire

une instruction	an order
la caserne	barracks
courir à toutes jambes	to run at full speed
trébucher sur	to trip over
mettre un emplâtre (sur quelqu'un)	to put someone into plaster
un pansement	a bandage
marcher avec des béquilles	to walk on crutches
bravo!	well done!
à mes frais	at my expense, on me

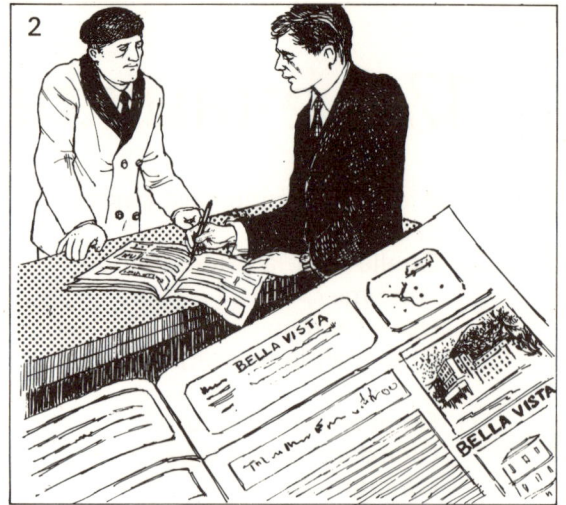

18 L'hôtel qui n'existait pas

1 Où l'homme se promenait-il?
Quel temps faisait-il?
Devant quel bâtiment s'est-il
arrêté?
Que regardait-il dans la vitrine?

2 Quand il est entré dans le
bureau de tourisme, que
cherchait-il?
Quelle question l'employé a-t-il
posée?
Qu'a-t-il donné à l'homme?
Décrivez l'hôtel dans l'image.

3 Décrivez la famille.
Où allaient-ils?
Que portaient-ils?
Croyez-vous qu'ils avaient des
places réservées?

4 En arrivant à leur destination,
qu'ont-ils cherché?
Qu'ont-ils trouvé?
Imaginez leur réaction.
Imaginez ce qu'ont dit les
enfants.

5 Où sont-ils allés après?
Imaginez ce qu'ils ont décidé de
faire.
Que fallait-il acheter?
Combien tout cela allait-il leur
coûter?

6 Où voulaient-ils dresser leur
tente?
Quel endroit ont-ils trouvé?
Qu'ont-ils fait après s'être
installés?
Imaginez ce que pensait la mère
de cette aventure.

Vocabulaire

une affiche illustrée	poster
la vitrine	shop window
l'employé	travel agent, assistant
une brochure	brochure
monter dans le train	to board the train
un terrain à bâtir	building site
faire du camping	to camp
un réchaud à gaz	gas cooker
une tente	tent
un sac de couchage	sleeping bag

19 Trésor enterré

1 Quel temps faisait-il?
Quelle était la saison?
Où se trouvait l'homme en ce moment?
Que faisait-il?

2 Qui est venu lui parler?
Qu'a-t-il demandé à son père?
Que lui a donné son père?
Qu'a-t-il dit?

3 Que faisait le garçon?
Pourquoi s'est-il arrêté?
Qu'a-t-il trouvé?
Imaginez ce qu'il a dit à son père.

4 Qu'a répondu son père?
Comment a-t-on ouvert la boîte?
Qu'est-ce qu'il y avait dedans?
Qu'a dit le fils?

5 Où le père et son fils sont-ils allés?
Qu'allaient-ils faire?
Comment allaient-ils expliquer leur trouvaille?
Imaginez l'émotion du fils.

6 A qui ont-ils parlé?
Quelle a été son opinion?
Qu'a-t-il dit au fils?
Que lui a-t-il donné?

Vocabulaire

faire du jardinage	to garden
retourner la terre	to dig up the ground
une truelle	trowel
creuser	to dig
un trou	hole
planter	to plant
forcer	to break open
une pièce { d'argent / d'or	a { silver / gold } coin
serrer la main à quelqu'un	to shake someone's hand

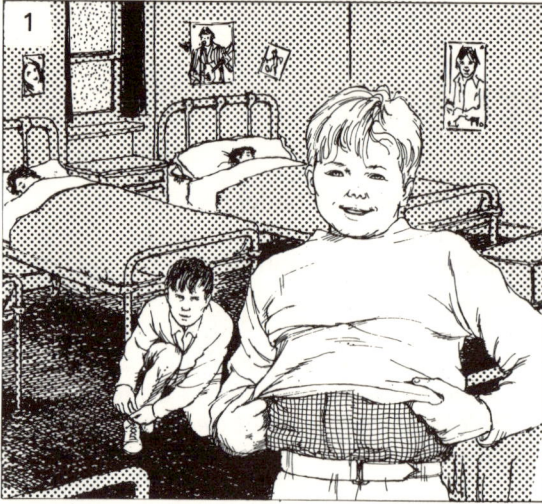

20 Aventure de nuit

1 Où étaient les deux lycéens?
Quelle sorte d'école est-ce?
Que faisaient la plupart des garçons?
Qu'ont fait les deux garçons en question?

2 Quelle heure était-il?
Par où sont-ils sortis?
Comment l'ont-ils fait?
Où sont-ils arrivés?

3 Où sont-ils allés?
Pourquoi se sont-ils arrêtés?
Que pensaient-ils faire?
Imaginez leur conversation.

4 Qu'a fait l'un d'eux?
Combien fallait-il payer?
Qu'a fait l'autre?
Pourquoi?

5 Où sont-ils allés après le film?
Qu'est-ce qu'ils ont pris?
Est-ce qu'ils s'amusaient?
Quelle heure était-il?

6 Comment sont-ils rentrés dans le lycée?
Qui les attendait?
Que leur a dit celui-ci?
Les garçons ont-ils pensé que l'aventure valait la peine?

Vocabulaire

le dortoir	dormitory
un pensionnat	boarding school
s'habiller	to get dressed
prendre une bière	to have a beer
avoir l'air (sévère)	to look (stern)

21 Histoire d'espionnage

1 Où se trouvait le garçon?
Que faisait-il?
Que tenait-il?
A quoi servait son livre?

2 Qu'a vu le garçon?
Qui est arrivé au pied de l'arbre?
Qu'a-t-il fait?
Imaginez ce que pensait le garçon.

3 Qu'a fait le garçon ensuite?
Où l'homme est-il entré?
Décrivez ce bâtiment.
Qu'a fait l'homme à l'entrée?

4 Où le garçon est-il allé?
Pourquoi?
Qu'allait-il dire à la police?
Qu'est-ce qu'il attendait de la police?

5 Quels hommes sont arrivés à l'endroit avec le garçon?
Qu'ont-ils fait?
Qui est arrivé un peu plus tard?
Qu'a fait celui-ci?

6 Que faisait le père le lendemain matin?
Quelle était l'histoire à la première page?
Qu'était-il arrivé aux espions?
Qu'est-ce que le père a dit à son fils?

Vocabulaire

étudier	to study
des jumelles (f)	binoculars
à plat ventre	on one's stomach
le tronc	trunk
le contrôle	check-point
un permis	pass
l'inspecteur (de police)	(police) inspector
un buisson	bush
les gros titres	headlines

44

22 Attention à la marée!

1 Où se trouvaient le garçon et la jeune fille?
Imaginez comment ils y sont arrivés.
Que faisait le garçon?
Comment la jeune fille s'amusait-elle?

2 Combien de temps ont-ils passé à faire cela?
Qu'a fait la jeune fille?
Pourquoi?
Qu'a-t-elle dit au garçon?

3 Qu'ont-ils décidé de faire?
Où?
Que leur est-il arrivé?
Qu'avait fait la marée pendant qu'ils dormaient?

4 Combien de temps ont-ils dormi?
Pourquoi se sont-ils réveillés?
Pourquoi étaient-ils en danger?
Imaginez leurs émotions.

5 Combien de temps ont-ils passé comme ça?
Qu'est-ce que le garçon a fabriqué?
Avec quoi l'a-t-il fait?
Que faisait-il?

6 Qui les a vus?
Qu'a-t-il fait?
Que leur a-t-il dit?
Que lui ont répondu les deux enfants?

Vocabulaire

collectionner	to collect
une coquille	shell
la crevette	shrimp
pêcher la crevette	to shrimp
un filet	net
bâiller	to yawn
la marée (monte)	the tide (comes in)
attacher	to tie
faire signe	to wave

23 Découverte archéologique

1 Où se trouvaient les deux
   étudiants?
   Que faisait la jeune fille?
   Que regardait le jeune homme?
   Qu'a-t-il dit à son amie?

2 Quel temps faisait-il
   maintenant?
   Qu'a dit le jeune homme à son
   amie?
   Que lui a-t-elle répondu?
   Imaginez leurs émotions.

3 Qu'est-il arrivé à l'étudiant?
   Décrivez l'expression de son
   amie.
   Qu'a-t-elle pensé?
   Pouvait-on voir dans le
   brouillard?

4 Qu'est-ce que la jeune fille est
   allée chercher?
   Où l'a-t-elle trouvé?
   A qui a-t-elle téléphoné?
   Qu'a-t-elle dit?

5 Combien de temps a-t-elle dû
   attendre?
   Quels hommes sont enfin
   arrivés?
   Qu'est-ce qu'on portait?
   Qu'a-t-on dit à la jeune fille
   pour lui donner du courage?

6 De quoi s'est-on servi pour
   descendre?
   L'étudiant était-il blessé quand
   on l'a retrouvé?
   Qu'a-t-il dit à son sauveteur?
   Qu'avait-il découvert?

Vocabulaire

un(e) étudiant(e)	*student*
le panorama	*panoramic view*
le paysage	*countryside*
enveloppé de	*enveloped in*
perdre son chemin	*to lose one's way*
l'équipe de secours	*rescue team*
un brancard	*stretcher*
la corde	*rope*
un dessin	*drawing*
préhistorique	*prehistoric*

24 Le cadeau de réconciliation

1 Où allait la jeune fille?
Que poussait-elle?
Que faisait le bébé?
Qu'est-ce que la mère a dit à sa
fille?

2 Que faisait la mère?
Qu'a-t-elle mis dans le bol?
Qu'est-ce qu'il y avait à côté?
Qu'est-ce que sa fille lui a
tendu?

3 Qu'ont-elles fait ensuite?
Qu'a fait la mère?
Décrivez les vêtements.
Comment la fille a-t-elle aidé sa
mère?

4 Qu'a fait la fille ensuite?
Quel animal a-t-elle vu?
Où se trouvait-il?
Quels mots a-t-elle criés à sa
mère?

5 Qu'a fait la mère?
A-t-elle été contente de ce qu'a
fait le chat?
Pourquoi?
Qu'a-t-elle dit au chat?

6 Quand le chat est-il revenu?
Qu'avait-il fait entretemps?
Qu'est-ce qu'il voulait dire par
son action?
Qu'a fait le bébé?

Vocabulaire

à l'ombre	*in the shade*
la farine	*flour*
aider quelqu'un à faire quelque chose	*to help someone to do something*
le four	*oven*
faire la lessive	*to do the washing*
une machine à laver	*washing machine*
donner une gifle à	*to smack*
un cadeau de réconciliation	*peace offering*

49

25 Les pirates de l'air

1 Où se trouvait-on?
Que faisaient les hommes?
Qu'est-ce qu'il y avait dans la camionette?
Pourquoi y avait-il des hommes armés?

2 Où se trouvaient les deux hommes?
Quel air avaient-ils?
Imaginez ce qu'ils ont dit.
Où allait l'avion?

3 Où est-on maintenant?
Qu'a fait l'un des hommes?
Qu'a-t-il dit aux passagers?
Qu'ont fait ceux-ci?

4 Qu'a fait l'hôtesse de l'air?
Qu'a-t-elle dit au pirate de l'air?
Imaginez l'émotion de l'hôtesse.
Etait-elle courageuse?

5 Qu'est-ce qu'elle a fait tout d'un coup?
Qu'a fait le pirate de l'air?
Qu'est-ce que l'hôtesse a dit aux passagers?
Qu'ont dit ceux-ci?

6 Où s'est-elle rendue quelques jours plus tard?
Qui l'avait invitée?
Qu'a dit cet homme?
Qu'est-ce qu'il a donné à l'hôtesse courageuse?

Vocabulaire

un aéroport	airport
armé	armed
la salle de réception	reception lounge
décoller	to take off (aeroplane)
se tenir debout	to stand
les mains en l'air	with one's hands up
une hôtesse de l'air	air hostess
laisser tomber	to drop

26 Suivez le guide!

1 Quelle était la saison?
Quel temps faisait-il?
Que faisaient les touristes?
Comment allaient-ils passer la journée?

2 Où se trouvaient-ils maintenant?
Que faisait le guide?
Pourquoi la jeune fille a-t-elle bâillé?
Que faisait le jeune homme à côté d'elle?

3 Qu'est-ce que les deux jeunes gens ont décidé de faire?
Où se sont-ils promenés?
Imaginez leur conversation.
S'amusaient-ils?

4 Où sont-ils allés après?
Qu'ont-ils pris?
Pourquoi le jeune homme a-t-il regardé sa montre?
Qu'a-t-il dit à la jeune fille?

5 Quel temps faisait-il maintenant?
Où les deux jeunes gens sont-ils allés?
Pourquoi ont-ils couru?
Où était le car quand ils sont arrivés?

6 Qu'ont-ils fait?
Décrivez leurs émotions.
Comment ont-ils essayé de rentrer?
Pourquoi, à votre avis, n'ont-ils pas pris le train?

Vocabulaire

le car	coach
s'ennuyer	to get bored
inquiet	worried
faire de l'auto-stop	to thumb a lift

27 Quelle surprise!

1 Quelle était la saison?
Que faisait la dame?
Que lui a donné la vendeuse?
Comment le paquet était-il
emballé?

2 A quel rayon l'homme se
trouvait-il?
Qu'a-t-il donné à la vendeuse?
Que lui a donné celle-ci?
Comment le paquet était-il
emballé?

3 Est-ce que l'homme regardait
où il allait?
Et la dame?
Qu'est-il arrivé?
Qu'est-ce que les deux ont
laissé tomber?

4 Où étaient tous leurs achats?
Qu'a dit l'homme?
Qu'a-t-il fait?
Qu'a dit la femme alors?

5 Quelle était la date?
Qu'est-ce que l'homme a donné
à sa femme?
Qu'a-t-elle trouvé en l'ouvrant?
Qu'a-t-elle dit à son mari?

6 Imaginez ce qu'a dit la femme
en donnant le cadeau à son mari.
Qu'a-t-il trouvé en l'ouvrant?
Qu'a-t-il dit à sa femme?
Que s'était-il passé au grand
magasin?

Vocabulaire

le grand magasin	*department store*
d'un certain âge	*middle-aged*
la vendeuse	*assistant*
emballer	*to wrap*
le rayon de lingerie	*lingerie counter*
se heurter à quelqu'un	*to bump into somebody*
ramasser	*to pick up*
une petite culotte	*panties*

28 Pris au piège

1 Où l'homme et sa femme
passaient-ils leurs vacances?
Qu'allaient-ils faire?
Décrivez le paysage.
Quels animaux voyaient-ils au
loin?

2 Où se sont-ils arrêtés?
Quelle sorte d'animaux y avait-
il?
Comment s'appellent ces
oiseaux?
Qu'a fait l'homme?

3 Où sont-ils allés après cela?
Dans quelle sorte de bateau se
trouvaient-ils?
Quels animaux ont-ils vus?
Qu'a fait la femme?

4 Où étaient-ils plus tard?
Que faisaient les oiseaux?
Qu'a fait la femme?
Qu'est-ce que l'homme a
photographié?

5 Dans quoi l'homme et sa
femme sont-ils tombés?
Décrivez leur réaction.
Qu'ont-ils crié?
Qu'est-ce qui est tombé par
terre?

6 Qu'a fait alors le gorille?
Qu'a-t-il ramassé?
Décrivez son expression.
Imaginez les sentiments de
l'homme et sa femme.

Vocabulaire

la girafe	*giraffe*
le flamant	*flamingo*
la pirogue	*(dug-out) canoe*
le crocodile	*crocodile*
la jungle	*jungle*
le gorille	*gorilla*
le piège	*trap*
l'appareil de photo	*camera*

c

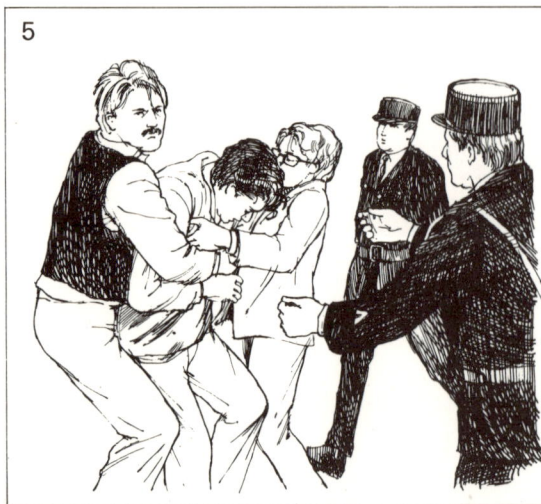

29 Le grand match

1 Quelle était la date ?
Où se trouvaient l'homme et son fils ?
Qu'allaient-ils regarder ?
Décrivez l'émotion du fils.

2 Que s'est-il passé après quelque temps ?
Qui a marqué le but ? L'avant-centre ? L'ailier ?
Qu'a fait le gardien de but ?
A-t-il réussi à le faire ?

3 Décrivez la joie du père et du fils.
Qu'ont-ils fait ?
Qu'a fait l'homme à côté d'eux ?
Pourquoi l'homme a-t-il agi ainsi ?

4 Où la bouteille est-elle tombée ?
Qu'a fait le gardien ?
A-t-il été blessé ?
Qu'a-t-on fait pour lui ?

5 Quelle a été la réaction de l'homme et de son fils ?
Qu'est-ce que le malfaiteur a essayé de faire ?
Qui est arrivé ?
Où allait-on emmener l'homme ?

6 Que faisait la famille ce soir-là ?
Quel programme regardait-on ?
Qu'est-ce qu'on y a vu ?
Qu'a dit la mère ?

Vocabulaire

payer	to pay (for)
le stade	stadium
marquer un but	to score a goal
le gardien (de but)	goalkeeper
pousser des hourras	to cheer
saisir	to grab
la salle de séjour	sitting-room

30 Situation embarrassante

1 Où se trouvait la femme?
   Devant quoi était-elle assise?
   Qu'est-ce qu'elle était en train de
   faire?
   Décrivez ses cheveux.

2 Comment était-elle habillée?
   Que tenait-elle à la main?
   Que faisait-elle?
   Quel était son métier?

3 Où est-elle arrivée?
   Qu'allait-elle faire ce soir-là?
   A quelle heure le concert
   commençait-il?
   Qu'allait-on jouer?

4 Que faisait le chef d'orchestre?
   Où était sa main droite?
   Que tenait-il à la main gauche?
   Quels autres instruments voit-on
   dans l'orchestre?

5 Qu'est-ce que le bâton a
   touché?
   Qu'est-ce qui s'est trouvé au
   bout du bâton?
   Décrivez l'expression du chef
   d'orchestre.
   Imaginez la réaction de
   l'assistance.

6 Comment était la femme alors?
   Décrivez son expression.
   Imaginez son émotion.
   Imaginez ce qu'elle a fait tout de
   suite après.

Vocabulaire

la table de toilette	*dressing-table*
se coiffer	*to do one's hair*
se maquiller	*to put on make-up*
la salle de concert	*concert hall*
le chef d'orchestre	*conductor*
la perruque	*wig*
chauve	*bald*

Histoires Lues

1 A little girl's prayer

M. Perrier—bureau de poste—'Notre Père qui es aux cieux'—ce que dit
la lettre—80 francs—deuxième lettre—le message dans la lettre

Questions

1 Où travaillait M. Perrier?
2 A qui la lettre était-elle adressée?
3 Comment savait-il qu'un enfant avait écrit la lettre?
4 Qui a ouvert la lettre?
5 Que disait la lettre?.
6 Décrivez la famille de Françoise.
7 Qu'ont fait les employés du bureau de poste?
8 Qu'est-ce que M. Perrier a fait le lendemain matin?
9 Qu'est-ce que Françoise a pensé quand elle a ouvert l'enveloppe?
10 Décrivez le métier d'un facteur.

2 The colonel's fright

La Guerre Franco-Prussienne—célébration après la victoire—le colonel
avec les officiers—tout le monde se disperse—les difficultés du colonel—
réveil et grande peur—'je suis fichu'—le médecin arrive—explication du
médecin

Questions

1 Quel événement les officiers célébraient-ils?
2 Comment ont-ils reçu le colonel?
3 Qu'est-ce qu'on a fait à minuit?
4 Pourquoi le colonel a-t-il eu de la difficulté à trouver sa tente?
5 Pourquoi le colonel avait-il peur?
6 Qu'est-ce qu'il a fait?
7 Qui est arrivé?
8 Qu'est-ce que le colonel lui a dit?
9 Qu'est-ce que le médecin a fait?
10 Qu'est-ce qu'il a dit au colonel?

3 Great expectations?

M. François—son ambition—Loterie Nationale—la petite Fiat—ce que fait M. François tous les jours—son arrosoir (watering can)—ce que dit le passant

Questions

1 Quel était le grand rêve de M. François?
2 Pourquoi n'avait-il pas pu réaliser son ambition?
3 Décrivez sa famille.
4 Comment a-t-il gagné de l'argent?
5 Qu'est-ce qu'il a fait de cet argent?
6 Où travaillait-il?
7 Où garait-il sa voiture?
8 De quoi s'est-il servi pour la laver?
9 Pourquoi le passant s'est-il arrêté devant la maison de M. François?
10 Qu'a-t-il dit à M. François?

4 Visit to an asylum

L'inspecteur à l'asile—inspection—conversation avec le jardinier—un des malades—promesse de l'inspecteur—la fourche—la demande du jardinier

Questions

1 Qu'est-ce que l'inspecteur a inspecté à l'asile?
2 Qu'a-t-il fait après?
3 Qui a-t-il rencontré?
4 Qu'est-ce qu'il a pensé de cet homme?
5 De quoi s'est-il étonné?
6 Qu'est-ce qu'il a promis de faire?
7 Quelle a été la réaction de l'homme?
8 Expliquez ce que l'homme a fait lorsque l'inspecteur retournait à l'asile?
9 Qu'est-ce qui est arrivé à l'inspecteur alors?
10 Qu'est-ce que le jardinier lui a dit?

5 Checkmate

Jean-Claude et Michel, étudiants—promenades à la campagne—auto-stop—arrivée au village—le vieillard et le chien—échec et mat!—admiration de Jean-Claude—réponse du vieillard

Questions

1 Quel était le passetemps des deux étudiants?
2 D'habitude, qu'est-ce qu'ils portaient?
3 Que faisaient-ils vers midi?
4 Où finissaient-ils leur promenade?
5 Où se trouvait le café?

6 A quoi jouait le vieillard?
7 Décrivez son adversaire.
8 Qui a gagné la partie?
9 Qu'est-ce que Jean-Claude a dit au vieillard?
10 Pourquoi le vieillard trouvait-il que son chien n'était pas très intelligent?

6 Difficult operation

La maladie de Mme. Carrel—son mari téléphone au médecin—arrivée de celui-ci—outils que demande le médecin—mari inquiet—la scie (saw)—désespoir du mari—explication du médecin

Questions

1 Qu'est-ce que M. Carrel a conseillé à sa femme de faire?
2 Où se trouvait le médecin quand il a téléphoné?
3 Qu'a fait le médecin avant de rendre visite aux Carrel?
4 Lorsqu'il est arrivé, qu'est-ce M. Carrel lui a dit?
5 Qu'est-ce que le médecin a demandé d'abord?

6 De quoi avait-il besoin la deuxième fois?
7 Où M. Carrel a-t-il trouvé ces deux outils?
8 Quel était le troisième objet?
9 Décrivez les émotions de Carrel cette fois.
10 Qu'est-ce que le médecin essayait de faire?

7 The talking gorilla

M. Deschamps et son bistrot—une journée typique—réaction du patron
en voyant le gorille—action malhonnête—conversation avec le policier—
son conseil—ce que dit M. Deschamps—réponse du gorille

Questions

1 Quel était le métier de
   M. Deschamps?
2 Qu'est-ce qu'il faisait
   l'après-midi?
3 Cet après-midi-là, qu'est-il arrivé?
4 Qu'est-ce que son visiteur a
   demandé?
5 De quelle manière M. Deschamps
   était-il malhonnête?

6 Où est-il allé après?
7 Qu'est-ce qu'il a fait alors?
8 Quel a été le conseil du policier?
9 Qu'est-ce que M. Deschamps
   a dit à son étrange client?
10 Quelle a été la réponse de
   celui-ci?

8 Disputed fatherhood

Deux marins—Athènes—visite aux monuments—dimanche—le service à
l'église—l'homme devant eux—le pasteur se lève—les rires—explication
du vieux Grec

Questions

1 Où se trouvaient les deux marins?
2 Pourquoi étaient-ils là?
3 Qu'est-ce qu'ils avaient décidé
   de faire?
4 Où étaient-ils allés le dimanche?
5 Qu'est-ce qu'ils avaient découvert
   en entrant dans l'église?
6 Pourquoi avaient-ils décidé d'y
   rester?

7 Comment savaient-ils que faire?
8 Quand le pasteur annonça
   quelque chose, qu'ont-ils fait?
9 Décrivez la réaction de tout le
   monde.
10 Comment le vieux Grec a-t-il
   expliqué cet incident?

9 Horse sense

M. Urbain rentre en auto—panne d'essence—il entend une voix—le cheval—Grand Prix de l'Arc de Triomphe—conversation avec le garagiste—révélation

Questions

1 Où M. Urbain allait-il?
2 Où travaillait-il?
3 Qu'est-ce que c'est qu'une panne d'essence?
4 Où se trouvait M. Urbain lorsqu'il a eu une panne d'essence?
5 Qu'est-ce qu'il a entendu en marchant vers le village?
6 Qui lui a parlé?
7 Qu'est-ce que le cheval s'est vanté d'avoir fait?

8 En arrivant au garage, qu'est-ce que M. Urbain a dit au garagiste?
9 A votre avis, pourquoi le garagiste n'était-il pas surpris d'entendre l'histoire de M. Urbain?
10 Pourquoi le garagiste a-t-il dit que le cheval mentait?

10 How to choose a new secretary

La compagnie d'assurances—nouvelle secrétaire—le psychologue—
entrevues—question du psychologue—les réponses—décision du
directeur

Questions

1 Quelles qualités le directeur
 cherchait-il dans sa nouvelle
 secrétaire?
2 Qu'est-ce qu'elle devrait pouvoir
 faire?
3 Pourquoi le directeur a-t-il
 engagé un psychologue à son
 service?
4 Pourquoi celui-ci a-t-il été
 content d'accepter l'invitation?
5 Combien de jeunes femmes
 ont été sélectionnées pour une
 entrevue?

6 Quelle question le psychologue
 a-t-il posée à chacune?
7 Quelle a été la réponse des
 deux premières femmes?
8 Quelle a été la réponse de la
 troisième?
9 Laquelle aurait été choisie par
 le psychologue, et pourquoi?
10 Quelle jeune femme le directeur
 a-t-il choisie comme sa nouvelle
 secrétaire?

11 False alarm

La popularité du docteur Roy—coup de téléphone—stylo avalé—
difficultés en route—homme en pyjama—il se trompe de maison—le
crayon

Questions

1 Pourquoi le docteur était-il populaire?
2 A quelle heure lui a-t-on téléphoné?
3 Pourquoi l'homme lui a-t-il téléphoné?
4 Qu'est-ce que le docteur a conseillé à l'homme de faire?
5 Décrivez les actions du docteur après le coup de téléphone.
6 Où se trouvait la maison qu'il cherchait?
7 Quelles difficultés a-t-il rencontrées en route?
8 Qu'est-il arrivé lorsqu'il a frappé à la porte de la première maison?
9 Où habitait M. Paul?
10 Pourquoi M. Paul n'avait-il plus besoin du docteur?

12 The new overcoat

M. Levallois—commerçant avare—les pourboires—invitation au théâtre—
dîner—la dame du vestiaire—surprise du neveu—explication de M.
Levallois

Questions

1 Quel était l'attitude de M. Levallois envers les membres de sa famille?
2 Comment savez-vous qu'il était un peu avare?
3 Qu'a-t-il invité son neveu à faire?
4 Où sont-ils allés d'abord?
5 Qu'est-ce que M. Levallois a dit au garçon?
6 Qu'est-ce qu'ils ont fait avant d'entrer dans l'auditoire?
7 Comment ont-ils trouvé le spectacle?
8 Qu'est-ce que M. Levallois a donné à la femme en sortant?
9 Quelle a été la réaction de son neveu?
10 Comment l'oncle a-t-il justifié son action?

13 The small shopkeeper's revenge

La menace des supermarchés—le problème des épiciers—arrivée du supermarché au village—une guerre commerciale—la première affiche—réaction de l'épicier—décision du propriétaire—conversation—ruse de l'épicier

Questions

1 Comment l'existence de la petite boutique est-elle menacée?
2 Quelle sorte de commerçant est le plus menacé et pourquoi?
3 Pourquoi le vieil épicier perdait-il ses clients?
4 Qu'est-ce qu'il a décidé de faire?
5 Que disait l'affiche dans la vitrine du supermarché?
6 Quelle a été la réaction de l'épicier?
7 Qu'est-ce qui est arrivé après deux semaines?
8 Quel était le problème du propriétaire du supermarché?
9 Qu'est-ce qu'il a décidé de faire?
10 Comment l'épicier a-t-il expliqué ses actions?

14 Child psychology

Noël—les grands magasins—le rayon des jouets—cheval mécanique—efforts des employés—le propriétaire—arrivée du psychiatre—réaction de l'enfant—secret professionnel—ce que dit l'enfant à sa mère

Questions

1 Décrivez un grand magasin avant Noël.
2 Que faisait le petit garçon?
3 Qu'est-ce qu'il a fait aux jouets et aux autres enfants?
4 Quelles personnes ont essayé de contrôler l'enfant?
5 Qui est arrivé après?
6 Quand on a fait venir un psychiatre, qu'est-ce qu'il a fait?
7 Quelle a été la réaction de l'enfant?
8 Qu'a dit le propriétaire au psychiatre?
9 Quelle a été la réponse de celui-ci?
10 En effet, qu'avait dit le psychiatre?

15 The expensive fish

Un Américain, amateur de la pêche—son ambition—voyage en Irlande—premier jour—pas de chance—ce qui arriva le dernier jour—ce que dit l'Américain au barman—réponse de celui-ci

Questions

1 Que faisait l'Américain tous les week-ends?
2 Quelle était son ambition?
3 Combien ses vacances allaient-elles lui coûter?
4 Comment a-t-il fait le voyage?
5 Comment a-t-il passé la première journée?
6 Est-ce qu'il a eu du succès ce jour-là?
7 Comment le barman a-t-il encouragé l'Américain?
8 Combien de succès a-t-il eu le dernier jour?
9 Pourquoi l'Américain a-t-il dit que le poisson lui avait coûté 1500 dollars?
10 Expliquez l'étrange logique du barman.

16 All change!

Visites éducatives—Musée des Sciences—Musée Britannique—deux heures libres—très fatigué—métro—heure de pointe—'Tout le monde descend!'—Martin arrive en confort

Questions

1 Pourquoi avait-on décidé de faire des visites éducatives?
2 A quelle heure les élèves sont-ils partis du lycée et par quel moyen de transport?
3 Pourquoi Martin a-t-il été très intéressé par le Musée des Sciences?
4 Qu'ont fait les élèves pendant la première partie de l'après-midi?
5 Qu'est-ce que Martin a fait pendant ses heures libres?
6 Pourquoi était-il fatigué?
7 Pourquoi y avait-il tant de monde dans le métro?
8 Qu'est-ce que Martin a fait en voyant qu'il n'y avait pas de places libres dans le compartiment?
9 Quelle a été la réaction des autres voyageurs?
10 Qu'est-ce que Martin a fait ensuite?

17 The Protestant's protest

Visite à l'ancien camarade de classe—rencontre à l'aéroport—
conversation ce soir-là—conseil important—on joue au billard—le pape—
l'Anglais proteste—conversation à l'hôpital—ignorance de l'Anglais

Questions

1 Pourquoi l'Anglais a-t-il décidé
d'aller en Irlande?
2 Comment a-t-il fait le voyage?
3 Comment les deux amis ont-
ils passé le premier soir?
4 Quel était le conseil important
de l'Irlandais?
5 Comment ont-ils passé les jours
suivants?
6 A quoi jouaient-ils un soir dans
le bar?

7 Tout le monde s'assembla
soudain autour de la télévision
—pourquoi?
8 Quelle a été la réaction de
l'Anglais?
9 Quelle a été la réaction de tout
le monde après cela?
10 Quelle était l'excuse de
l'Anglais?

18 The flamboyant millionaire

M. Doré vaniteux—exploits extravagants—château fort anglais—
reconstruction—le fossé—crocodiles—grande fête—ce qu'il a annoncé—
silence absolu—petit homme maigre—à l'hôpital—question de M. Doré—
réponse

Questions

1 Quelle était la plus grande joie de
M. Doré?
2 Qu'est-ce qu'il a acheté en
Angleterre?
3 Qu'a-t-il fait de cette nouvelle
acquisition?
4 Quelle a été 'sa petite
extravagance'?
5 Décrivez les invités à la grande
fête.

6 A qui a-t-il offert un million de
francs?
7 Qu'est-ce qu'il a offert
finalement?
8 Qu'est-il arrivé après?
9 Pourquoi l'homme a-t-il été
transporté à l'hôpital?
10 Avec qui voulait-il avoir
rendez-vous?

19 Three Scotsmen get a shock

Trois amis écossais—tour de l'Europe—beaux monuments—séjour au village—la vie des paysans—dimanche—la messe—la quête (collection) —bonne sœur—évanouissement—réaction des deux autres

Questions

1 Qu'est-ce que les trois amis ont décidé de faire?
2 Pendant le voyage qu'est-ce qu'ils voulaient faire surtout?
3 Après avoir visité une grande ville, où allaient-ils d'habitude?
4 Que faisaient-ils pendant le jour?
5 Que faisaient-ils le soir?
6 Où sont-ils allés le dimanche?

7 Qu'est-ce qui les a fascinés?
8 Pourquoi une bonne sœur s'est-elle levée?
9 A l'occasion de la deuxième quête, qu'est-ce qui est arrivé?
10 Qu'est-ce que les deux autres Ecossais ont fait avant l'arrivée de la deuxième quête?

20 Good manners on a liner

M. Goldberg et un Parisien—petite table pour deux—Parisien dit: 'Bon appétit'—M. Goldberg répond: 'Goldberg'—se répète avant chaque repas —M. Goldberg conte la chose à un compatriote—'Bon appétit' une formule de politesse—ce soir-là M. Goldberg arrive le dernier à table—ce qu'il dit au Parisien—réponse de celui-ci

Questions

1 Où cette histoire a-t-elle eu lieu?
2 Qui est arrivé à la table de M. Goldberg?
3 Qu'est-ce que celui-ci a dit?
4 Comment M. Goldberg a-t-il répondu?
5 Pourquoi les deux hommes ne se parlaient-ils pas pendant les repas?

6 Qu'est-ce que M. Goldberg a compris par 'Bon appétit'?
7 Quelle était l'explication de son compatriote?
8 Quelle a été alors la réaction de M. Goldberg?
9 Qu'a fait M. Goldberg en arrivant à table ce soir-là?
10 Qu'est-ce que l'autre a répondu?

21 Cheating the customs

La Belgique—commodités en vente—bas de nylon—café—douanier
soupçonneux—le premier venu—jeune femme furieuse—récompense

Questions

1 A quelle époque cette histoire
   a-t-elle eu lieu?
2 Quelles sortes de commodités
   pouvait-on acheter en Belgique?
3 Le dimanche, que faisaient les
   familles françaises qui habitaient
   près de la frontière?
4 Expliquez comment on cachait
   les articles de contrebande?
5 Pourquoi le douanier était-il
   devenu soupçonneux?

6 Qu'a-t-il demandé au premier
   venu?
7 Comment celui-ci a-t-il
   répondu?
8 Qu'est-ce qui est arrivé à la
   jeune femme?
9 Comment l'homme a-t-il justifié
   son action?
10 Qu'a-t-il donné à la jeune
   femme en guise de
   récompense?

22 A cruel joke

La Fontaine—pomme cuite—cheminée—bibliothèque—ami entre—
arsenic—les rats—explication de la plaisanterie

Questions

1 Quand La Fontaine mangeait-
   il une pomme cuite?
2 Pourquoi en avait-il laissé une
   sur la cheminée?
3 Où est-il allé ensuite?
4 Qui est arrivé en son absence?
5 Qu'est-ce que cet homme a
   fait?

6 Qu'a dit La Fontaine en rentrant?
7 Quelle réponse a-t-il reçue?
8 Qu'est-ce que La Fontaine a
   prétendu avoir fait?
9 Quelle a été la réaction de
   l'autre?
10 Comment La Fontaine a-t-il
   rassuré son ami?

23 A daring daylight robbery

Voiture grise—bijouterie—trois individus—tout le monde étonné—voiture retrouvée par la police—bijoux bon marché—la marchande va bien—piéton renversé

Questions

1 Où le vol a-t-il eu lieu?
2 Comment les voleurs avaient-ils obtenu la voiture dans laquelle ils sont arrivés devant la bijouterie?
3 Comment espéraient-ils cacher leur identité?
4 Une fois dans le magasin, qu'ont-ils fait?
5 Pourquoi les témoins du crime n'ont-ils rien fait immédiatement?
6 Qu'est-ce qui a aidé les voleurs à échapper à la poursuite?
7 Comment les voleurs ont-ils enfin disparu?
8 Pourquoi les voleurs avaient-ils mal choisi leur boutique?
9 Quels soins la marchande a-t-elle reçus?
10 Qu'est-ce qui est arrivé au vieux piéton?

24 Rescue from a well

Michel rentre—villageois dans la cuisine—Elise évanouie—le docteur explique—le puits—la voisine—Dubois et sa motocyclette—hors de danger

Questions

1 A quelle heure Michel est-il rentré chez lui?
2 Qu'est-ce qui l'a surpris quand il est arrivé chez lui?
3 Qui a-t-il trouvé dans la cuisine?
4 Où était sa femme et en quel état était-elle?
5 Qu'est-ce qui fait penser que le médecin avait dû lutter pour sauver la vie de la femme de Michel?
6 Qu'est-ce qui a fait entrer la voisine dans le jardin?
7 Qu'est-ce que la voisine a fait et qu'est-ce qu'elle a vu?
8 Pourquoi la voisine a-t-elle pris du temps pour donner l'alarme?
9 Qu'est-ce que le fermier a fait pour appeler de l'aide?
10 Comment a-t-on remonté Elise du puits?

25 Visit to a stately home

M. et Mme. Dupont en voiture—joli château—personne—vieil homme—hospitalité de celui-ci—pourboire?—l'identité du vieillard

Questions

1 Quand les Dupont faisaient-ils un voyage et où se trouvaient-ils?
2 Pourquoi se sont-ils arrêtés?
3 Qu'est-ce que Mme. Dupont a proposé de faire?
4 Où sont-ils arrivés tout d'abord et qui était là?
5 Quelle personne ont-ils vue enfin et que faisait cette personne?
6 Selon cette personne, pourquoi les Dupont se trouvaient-ils là?
7 Que leur a raconté leur guide?
8 A la fin de la visite, pourquoi M. Dupont a-t-il hésité?
9 Qu'est-ce que leur guide a demandé à une domestique de faire et pourquoi?
10 Pourquoi les Dupont ont-ils été surpris?

26 The day the avalanche came

Le docteur et Madame Arnaud—offre de leur cousine—ils partent pour les Alpes—hôtel à Garmisch—sur la terrasse du septième étage—ils déjeunent très tôt—café—bruit épouvantable—torrents de neige

Questions

1 Où le docteur est-il né et de quelle ville venait sa femme?
2 Qu'est-ce que leur cousine s'est proposée pour faire?
3 Qu'est-ce qui est arrivé à Garmisch en 1936?
4 Où se trouvait leur hôtel?
5 Pourquoi la terrasse n'était-elle pas pleine de monde?
6 De qui le docteur a-t-il pris une photo?
7 Qu'est-ce qui est arrivé à ces personnes?
8 Que faisait Madame Arnaud lorsqu'elle a entendu le grondement de l'avalanche?
9 Comment les Arnaud ont-ils essayé de se défendre?
10 Comment la neige est-elle entrée dans la pièce?

27 A question of statistics

Le malade—remèdes de son médecin—efforts de l'hôpital—arrivée du spécialiste—optimisme de celui-ci—questions du malade—'vous êtes le dixième'

Questions

1 Est-ce que le médecin faisait souvent visite au malade?
2 Qu'est-ce qu'il lui a donné?
3 Quel était l'effet de ces remèdes?
4 Où le malade est-il allé ensuite?
5 Quelle était l'opinion des médecins à l'hôpital?
6 Quelle a été la réaction du spécialiste?
7 Est-ce qu'il pensait que la maladie était sérieuse?
8 Quelles étaient ses chances de réchapper de la maladie?
9 Combien de fois le spécialiste avait-il déjà traité cette maladie?
10 Pourquoi croyait-il que le malade allait survivre cette fois?

28 The mystery of the *Marie Céleste*

Le voilier *Marie Céleste* vogue de New York à Gênes—vu à 300 milles de Gibraltar—le 5 décembre, apparence anormale—personne à bord—le bateau en parfaite condition—nulle trace de violence—toujours un mystère

Questions

1 Quelle était la réputation du capitaine du *Marie Céleste*?
2 A part les officiers et l'équipage, qui étaient les autres personnes à bord?
3 Qu'est-il arrivé le 5 décembre?
4 Qu'a fait le capitaine anglais?
5 Dans quelle condition se trouvait le bateau?
6 On a trouvé des quantités de quoi?
7 Qu'a-t-on trouvé dans la cabine du second maître?
8 Nommez deux choses importantes qui avaient disparu.
9 Qu'est-ce qu'il y avait sur la table?
10 Est-ce qu'on avait écrit quelque chose dans le journal de bord qui pourrait expliquer le mystère?

29 Mistaken identity

M. Landrin, chirurgien—prend sa retraite—sa mort—aux portes du paradis—question posée par l'ange—étudiant à l'Hôpital St-Mathieu—le grand match pour la Coupe—la faute de M. Landrin—'merci St Pierre'—réponse de l'ange

Questions

1 Quel était la profession de M. Landrin?
2 Pourquoi était-il renommé?
3 Quand a-t-il pris sa retraite?
4 Quel âge avait-il à sa mort?
5 Où est-il allé après sa mort?
6 Qu'est-ce que l'ange lui a demandé?
7 Quelle a été la confession de M. Landrin?
8 Quelle a été la réaction de l'ange?
9 Pourquoi M. Landrin a-t-il pensé que l'ange était St Pierre?
10 Comment l'ange s'appelait-il en effet?

30 Breaking it gently

M. Blanchard à l'usine—il sort en courant—accident mortel—qui va annoncer la nouvelle?—un ouvrier s'offre à le faire—'Bonjour veuve Blanchard'—réponse de la femme—ce que dit l'ouvrier (parier = to bet)

Questions

1 Où travaillait M. Blanchard?
2 Que faisait-il lorsqu'il a entendu la sirène?
3 Pourquoi est-il sorti en courant de l'usine?
4 Qu'est-il arrivé alors?
5 Qu'a dit un des badauds?
6 Qui s'est offert à aller voir l'épouse de la victime?
7 Qu'est-ce qu'on lui a conseillé de faire?
8 Comment l'ouvrier a-t-il annoncé la mauvaise nouvelle?
9 Comment Mme Blanchard a-t-elle répondu?
10 Qu'est-ce que l'ouvrier a dit après?